Inhalt

Kreatives Potenzial durch Zuwanderung ausländischer Talente

Kernthesen

Beitrag

Fallbeispiele

Weiterführende Literatur

Impressum

Kreatives Potenzial durch Zuwanderung ausländischer Talente

M.Reiner

Kernthesen

- Demographischen Untersuchen zufolge wird mit der alternden Bevölkerung Deutschlands in naher Zukunft ein großer Mangel an qualifizierten Arbeitskräften herrschen. (1)
- Dadurch tritt Deutschland verschärft in den Wettbewerb mit internationalen Unternehmen, die sich für die Zukunft kreative und innovative Talente sichern möchten, um auf dem Weltmarkt wettbewerbsfähig zu bleiben. (3), (8)
- Das am 1. Januar 2005 in Kraft getretene

Zuwanderungsgesetz ist ein erster zaghafter Schritt, um ausländische Talente ins Land zu locken. Es ist allerdings auch ein Beweis dafür, dass die Einwanderung von ausländischen Arbeitnehmern noch immer als Risiko und nicht als Chance für ein zukunftsträchtiges Deutschland begriffen wird. (2)

Beitrag

Deutschland altert. Demographischen Studien zufolge findet zwischen den Jahren 2010 und 2030 der Alterungsprozess in Deutschland seinen Höhepunkt und wird die Arbeitslandschaft und das Wirtschaftswachstum drastisch verändern. Bereits seit den 90er Jahren ist das jährliche Wachstum von 2,5 Prozent auf 1,25 Prozent gesunken und wird Prognosen zufolge bis unter die 1 Prozent Linie fallen. Um das heutige Niveau zu halten, so die Studie Demographie Spezial des Deutsche Bank Research, müssten neben der Verlängerung der Lebens- und Wochenarbeitszeit jährlich 200.000 Menschen im Jahr nach Deutschland zuwandern. Schon heute macht sich das Fehlen kreativer Talente am Arbeitsmarkt in den Industrieländern bemerkbar. Fehlende Innovationen, mangelnde Kreativität und monokulturelle Ausrichtungen der Unternehmen schwächen die einst fortschrittlichsten Industrienationen. Nur Länder, die sich heute um Talente aus dem Ausland bemühen, werden ihre Führungsposition auch in der Zukunft beanspruchen können. (1), (3)

Welchen Nutzen bringt ausländisches Personal den Unternehmen?

Die Einbindung multikultureller Arbeitnehmer in die Unternehmen ist u.a. ein Zweig des "Diversity Management", mit dem sich immer mehr Unternehmen befassen. Von Angestellten mit unterschiedlichen Hintergründen, Wertvorstellungen, Kommunikationsweisen oder Führungsgewohnheiten erhoffen sich die Betriebe neue kreative Ansätze, Ideen und Lösungen. (8) Dabei beschränkt sich das Innovationspotenzial keineswegs auf Künstler oder Musiker. Wissenschaftler, Ingenieure, Techniker, deren ökonomische Aufgabe darin besteht, Neues zu entwickeln, profitieren von der Konfrontation mit anderen Ländern und dem kreativen Input der ausländischen Talente. Aber auch in der Dienstleistung wird die multinationale Ausrichtung immer wichtiger. Die zunehmende Globalisierung erfordert, dass das Personal die kulturell unterschiedlichen Bedürfnisse der Unternehmenskunden bedienen kann. Nur durch die so generierte Wettbewerbsfähigkeit können Geschäftsverhältnisse gehalten und neue Märkte erschlossen werden. (3), (5)

Fallbeispiel USA: Dem Land der unbegrenzten Möglichkeiten schwinden die Ressourcen

Innovationen, Genialität und Offenheit für Menschen mit kreativen Ideen haben Amerika zu dem gemacht, was es heute ist. In den 90er Jahren kamen 11 Millionen Menschen nach Amerika, die das Land mit Talenten aus aller Welt versorgten. Darunter Sergey Brin, der aus Moskau stammende Google-Gründer oder der in Bangalore aufgewachsene Hotmail-Mitbegründer Sabeer Bhatia. Heute beträgt der Anteil der im Ausland geborenen Menschen in Amerika 11 Prozent bzw. 30 Millionen Menschen. Indessen läuft Amerika Gefahr, seinen Vorsprung im internationalen Wettbewerb einzubüßen. Grund dafür ist das Versäumnis, ausländischen kreativen Talenten eine zukunftsträchtige Plattform zur Entwicklung und Anreize zur Einwanderung zu geben. (3)

Kreativität als Motor

Gemessen am Global-Creative-Class Index (GCCI), der die Größen der kreativen Klassen in den unterschiedlichen Ländern ermittelt, liegt Amerika auf Platz 11. Geht man davon aus, dass Kreativität die Mutter aller Innovationen und Visionen ist, scheint diese Zahl verheerend. Studien zur internationalen Wettbewerbsfähigkeit sehen die USA von Rang eins auf Rang sechs der 30 Mitgliedsstaaten der OECD zurückfallen. Auf der Überholspur befinden sich Japan, Finnland, Schweiz, Dänemark und Schweden. (3)

Der Kampf um Talente

Experten rechnen in den USA bis zum Jahr 2020 mit einem Arbeitskräftemangel von 14 Millionen. Die einzige Möglichkeit, die Nachfrage zu stillen, ist Talente aus dem Ausland zu holen. Ein schweres Unterfangen, betrachtet man den dortigen Einwanderungsrückgang. 2002 waren es noch 1,064 Millionen Einwanderer, 2003 nur noch 706.000. Die

Talente nehmen verstärkt andere Länder ins Visier. Kanada und Australien haben jetzt schon einen höheren Migrantenanteil als die USA. Indien und China bieten inzwischen selber hervorragende Möglichkeiten im eigenen Land und versuchen ihre Talente zu halten. (3)

Studenten als Indikatoren

Studenten geben einen guten Indikator für globale Wanderbewegungen. Zum ersten Mal seit 1971/72 ist in den USA die Bewerberzahl von ausländischen Studenten zurückgegangen, insgesamt um 32 Prozent. Grund dafür sind die verschärften Einreisebedingungen nach dem 11. September. Federführenden in der Anstrengung, ausländische Studenten für sich zu gewinnen, sind Australien, Großbritannien und Neuseeland. (3), (4), (6)

Deutschland im Vergleich

Vergleicht man die Anzahl ausländischer Studenten in den einzelnen Ländern, schneidet Deutschland verhältnismäßig gut ab. In den letzten sechs Jahren ist der Anteil der Bildungsausländer um fast 50

Prozent gestiegen. Allein im letzten Jahr wuchs der aus China stammende Anteil der Studenten um 25 Prozent. (5), (6)

Auch im Kreativitätsvergleich ist Deutschland weit vorne. Der Global-Creative-Class Index beträgt in Deutschland 40 Prozent, im Gegensatz zu den USA mit 23, 6 Prozent. (3)

Talentsuche deutscher Unternehmen im Ausland: Das neue Zuwanderungsgesetz vom 1.1.05

Die Zahlen sollten nicht trügen. Denn auch andere Industrienationen haben die Bedeutung von ausländischen Arbeitskräften längst erkannt und stellen Deutschland in einen harten Wettbewerb. Deutsche Unternehmen sind nach wie vor auf die Vermehrung und Entwicklung von Wissen angewiesen und brauchen den internationalen Austausch durch Zuwanderung. (7) Das Zuwanderungsgesetz vom 1.1.05 bietet den Unternehmen eingeschränkte Möglichkeiten, um kreatives Potenzial nach Deutschland zu holen.

Vereinfachung der Regularien

Für die Aufenthalts- und Arbeitsgenehmigung sind nicht mehr zwei Behörden, sondern (bis auf wenige Ausnahmen) nur noch die Ausländerbehörde zuständig. Außerdem gibt es nur noch zwei Aufenthaltstitel: Eine (befristete) Aufenthaltserlaubnis und eine (unbefristete) Niederlassungserlaubnis. (2)

Neue Regelungen für hoch qualifizierte Zuwanderer

Betriebe können hochqualifizierte Spezialisten und leitende Angestellte ohne größere Probleme in ihr Unternehmen locken, wenn diese ein Jahresgehalt von mehr als 84.600 Euro verdienen. Nur dann erhalten sie eine zustimmungsfreie und unbefristete Niederlassungserlaubnis. Der Anwerberstopp für Nicht- und Geringqualifizierte bleibt bestehen. Qualifizierte Arbeitnehmer werden je nach Beruf beurteilt. Eine ungenehmigte Erwerbstätigkeit von Nicht EU Bürgern ist strafbar. Außerdem regelt das Zuwanderungsgesetz die Beschäftigung von Angehörigen unterschiedlicher Territorien wie den EU/EFTA- und Drittstaaten, von Geschäftsreisen und

Kurzaufenthalten, IT-Spezialisten u.a. (2)

Studenten

Ausländische Studenten haben jetzt die Möglichkeit, ein Jahr nach Beendigung des Studiums einen Job in diesem Bereich zu finden. Ansonsten müssen sie ausreisen. Unternehmen können solche Talente nur dann einstellen, wenn es keine entsprechenden deutschen Bewerber gibt. (2)

Kritik am Zuwanderungsgesetz

Dass sich die Erleichterung der Zuwanderung fast nur auf Spitzenkräfte beschränkt, ist in Deutschland vermehrt auf Kritik gestoßen. Im Gegensatz zu Ländern wie Neuseeland, die bei Zuwanderung "nicht mehr daran denken, wie wir die Pforten geschlossen halten, sondern wie wir für die Talente attraktiv werden..." (3) ist eine Reform in hierzulande größtenteils unterblieben. In Deutschland wird Zuwanderung immer noch als Risiko und nicht als Chance angesehen. Dabei werden Unternehmen in Zukunft dringend die Leute brauchen, die auch auf breiter Ebene, wie etwa im Pflegebereich, den

Arbeitsmarkt decken. (7) Kreativität und Internationalität beschränkt sich nicht nur auf bestimmte Bereiche, sondern wird in allen Sparten benötigt um Deutschland wettbewerbsfähig zu machen.

Offene Fragen

Bei all den Fragen rund die Anstellung von talentierten Kräften, scheint eine Sache noch wenig erforscht zu sein: was tun, wenn die Talente erst einmal im Land sind? Talente zu holen, ist eine Sache, sie zu halten und integrieren ist eine andere. Hier wird unternehmerische Kreativität gefragt, die Anreize schafft. So sind z.B. Incentives, die für deutsche Arbeitnehmer einen Mehrwert darstellen, für andere Kulturen vielleicht von geringerer Bedeutung. Auch müssen z.B. Ansätze gefunden werden, um eine Identifizierung mit Unternehmen zu ermöglichen. Sich für ausländische Arbeitnehmer prominent zu machen und zu bleiben, heißt auch, selbst etwas mehr von anderen Kultur verstehen zu wollen.

Fallbeispiele

In Gießen sind im März drei Unternehmen ausgezeichnet worden, die ausländische Mitarbeiter vorbildlich in ihren Betrieben integriert haben. Der erste Preis, mit 5000 Euro datiert, ging an den Ambulanten Häuslichen Pflegedienst in Frankfurt. Gründerin Nadia Quani war aus politischen Gründen von Afghanistan nach Deutschland geflüchtet und erkannte als Mitarbeiterin eines Altenpflegezentrums, dass viele Senioren ausländischer Herkunft nur noch in ihrer Muttersprache betreut werden können. Zwei Drittel der Mitarbeiter ihres Pflegedienstes sind ausländischer Herkunft und betreuen vor allem ausländische Senioren aus Afghanistan, der Türkei oder Polen. Den zweiten Preis teilten sich die Döhler GmbH aus Darmstadt und die Lufthansa Cargo AG. Döhler baut in der Produktentwicklung auf ein internationales Entwicklungsteam, um unterschiedliche Geschmacksempfinden für unterschiedliche Nationen umzusetzen. Lufthansa Cargo wurde aufgrund seines interkulturellen Personalmanagements ausgezeichnet. (11)

Darüber, dass man durch eine multikulturelle Aktionswoche den Krankenstand im Unternehmen mindern kann und über andere Facetten des Gesundheitsmanagements, spricht der

Sozialwissenschaftler Marc Lenze im Interview mit der Zeitschrift Wirtschaft & Weiterbildung.

Innovation durch Diversity Management:
-Türkische Mitarbeiter haben bei Ford den "Döner-Transit" eine Fahrzeugvariante für die türkische Zielgruppe entworfen. (8)
-Bei Coop, wo derzeit 32% der Mitarbeiter Ausländer sind, werden Sprachkurse in Deutsch und Französisch angeboten und die ausländischen Mitarbeiter über personalrechtliche Fragen informiert. (13)

In Hessen haben mittelständische Unternehmen, die von ausländischen Inhabern gegründet wurden, seit Oktober 2001 832 Lehrstellen geschaffen. Das Projekt "Unternehmen mit internationaler Unternehmensführung" soll noch drei Jahre fortgesetzt werden und 600 weitere Lehrstellen in Unternehmen schaffen, die von Migranten geführt werden.

Kemal Sahin ist der größte türkische Unternehmer in Deutschland. Die Sahinler Holding erwirtschaftet ca. 1,1 Milliarden Umsatz und stellt 12.000 Arbeitsplätze weltweit. Über Parallelgesellschaften und den funktionierenden Mikrokosmos in seiner Firma mit 30 Prozent Türken und 70 Prozent Deutschen, berichtet er in der Ausgabe Jg. 58 in der Welt am Sonntag. (9)

Das neue Zuwanderungsgesetz ermöglicht die Beschäftigung von ausländischen Haushaltshilfen. Voraussetzung ist der Nachweis, das in dem jeweiligen Haushalt eine pflegebedürftige Person lebt. Vermittelt werden dürfen die Hilfen nur von der ZAV und unterliegen der Versicherungspflicht. (10)

Im Jahr 1938 wurde das VW-Werk in Wolfsburg von italienischen Fremdarbeitern errichtet. Damit begann die Geschichte der Zuwanderung nach Deutschland. Einen Rückblick auf vergangene Tage liefert Carola Rönneburg in ihrem Artikel für das taz Magazin vom Februar. (12)

Weiterführende Literatur

(1) Kölle, Hans-Martin, Alterung bremst Wachstum. Auch Kapitalrenditen werden sinken, Finanz und Wirtschaft vom 26.2.05, Seite 30
aus Frankfurter Allgemeine Zeitung, 19.06.2004, Nr. 140, S. 55

(2) Vorübergehender Einsatz ausländischer Mitarbeiter
aus Arbeit und Arbeitsrecht, Heft 1/2005, S. 24-30

(3) Florida, Richard, Den USA droht eine Kreativitätskrise, Harvard Businessmanager, Nr. 1

vom 21.12. 04, Seite 96
aus Arbeit und Arbeitsrecht, Heft 1/2005, S. 24-30

(4) Der globalisierte Forscher
aus Frankfurter Allgemeine Zeitung, 22.03.2005, Nr. 68, S. 33

(5) Marketingziel ausländische Studenten
aus Financial Times Deutschland vom 10.01.2005, Seite 11

(6) Statistik Ausländer studieren gern in Deutschland
aus Frankfurter Rundschau v. 15.02.2005, S.28, Ausgabe: S Stadt

(7) "Integration geschieht über Arbeit", sagt Steffen Angenendt Das Zuwanderungsgesetz ist ein Fortschritt - doch der Migrationspolitik mangelt es weiter an Transparenz
aus taz, 15.01.2005, S. 12

(8) Diversity Management und Demographie
aus Arbeit und Arbeitsrecht, Heft 3/2005, S. 160-163

(9) Späth, Nikos, "Das Herz muss dabei sein". Kemal Sahin ist der größte Unternehmer in Deutschland. Ein Expertengespräch über Parallelgesellschaften, Welt am Sonntag, Nr. 2 vom 9.1.05, Seite 36
aus Arbeit und Arbeitsrecht, Heft 3/2005, S. 160-163

(10) Haushaltshilfen aus Osteuropa vermitteln - Zuwanderungsgesetz geändert - An Arbeitsamt wenden

aus Giessener Anzeiger vom 19.01.2005

(11) Wettbewerb Ehrung für vorbildliche Integration in Betrieben
aus Frankfurter Rundschau v. 05.03.2005, S.37, Ausgabe: S Stadt

(12) Saure Äpfel bei Volkswagen
aus taz Magazin, 12.02.2005, S. I-II

(13) Müller, Francis, Die Vielfalt in den Griff bekommen, HandelsZeitung vom 19.1.05
aus taz Magazin, 12.02.2005, S. I-II

(14) O.V., Länder prüfen Steuernachlass. Begünstigung ausländischer Mitarbeiter "ernsthaft" im Gespräch, Süddeutsche Zeitung vom 4.3.05, Ausgabe Deutschland, Seite 25
aus taz Magazin, 12.02.2005, S. I-II

(15) Länder prüfen Steuernachlass
aus Süddeutsche Zeitung, 04.03.2005, Ausgabe Deutschland, S. 25

(16) O.V. Frankreich senkt Steuerlast für ausländisches Personal, Frankfurter Allgemeine Zeitung, Nr. 32 vom 8.2.05, Seite 9
aus Süddeutsche Zeitung, 04.03.2005, Ausgabe Deutschland, S. 25

(17) Frankreich senkt Steuerlast für ausländisches Personal
aus Frankfurter Allgemeine Zeitung, 08.02.2005, Nr. 32,

S. 9

(18) Vielfalt schützen, Diskriminierung verhindern
aus Frankfurter Allgemeine Zeitung, 12.03.2005, Nr. 60,
S. 12

Impressum

Kreatives Potenzial durch Zuwanderung ausländischer Talente

Bibliografische Information der deutschen Nationalbibliothek

Die Deutsche Nationalbibliothek verzeichnet diese Publikation in der deutschen Nationalbibliografie; detaillierte bibliografische Daten sind im Internet über http://dnb.d-nb.de abrufbar.

ISBN: 978-3-7379-0890-0

© 2015 GBI-Genios Deutsche Wirtschaftsdatenbank GmbH, Freischützstraße 96, 81927 München, www.genios.de

Alle Rechte vorbehalten. Dieses Werk ist einschließlich aller seiner Teile – z.B. Texte, Tabellen und Grafiken - urheberrechtlich geschützt. Jede Verwertung außerhalb der Grenzen des Urheberrechtsgesetzes bedarf der vorherigen Zustimmung des Verlags. Dies gilt insbesondere auch für auszugsweise Nachdrucke, fotomechanische

Vervielfältigungen (Fotokopie/Mikroskopie), Übersetzungen, Auswertungen durch Datenbanken oder ähnliche Einrichtungen und die Einspeicherung und Verarbeitung in elektronischen Systemen.